《沧桑百年间——中国摆脱贫困影像记忆》
编写组成员

主　　编：孙承斌　汪金福

执行主编：李柯勇

副 主 编：黄小希

图片顾问：陈小波

图文编辑：李　峥　曹晓丽　王　洁　胡玥聪

目录
CONTENTS

扫这里
参见《中国减贫密码》视频

本集撰稿：武笛　洛登　刘帅　丁汀　李光正　韩曦乐
　　　　　孟菁　苏轶人　牛小溪

反贫有『密码』

无论是在大雪纷飞的青藏高原，还是在飞沙走石的大漠荒原，中国大地上，脱贫攻坚的阳光照进近一亿个鲜活生命。

这里有"一步跨千年"的壮阔，也有"天堑变通途"的蝶变。

让我们一起收藏这些生动记忆，一起见证时代之力，一起解析中国减贫奇迹的密码。

"我是那种哪怕死了都会供孩子
读书的人。"

——吉克衣五莫

"我挺恨这个心脏病的。"

——姜开义

贫困，困扰世界千年的难题。

2012年，中国的广袤土地上，还生活着近一亿贫困人口。

8年时间，在以习近平同志为核心的党中央带领下，中国将这个数字清零。

"让我搬出去我第一个就同意了。
我想再怎么样也比现在过得好。"
——普次仁

"为了这个家庭，努力地
支撑着。"
——高阿嫂

每个人都有自己独一无二的故事。
这是来自中国的经验，也是属于世界的智慧。

• 航拍冬季的藏北高原（来源：纪录片《中国减贫密码》）

● 普次仁捡拾牛粪准备生火。（来源：纪录片《中国减贫密码》）

中国·西藏·那曲

西藏，地球的"第三极"，平均海拔超过 4000 米。绝对高度下，有绝美的风光，也让这里的生灵经受绝对的艰辛。

普次仁长大的村庄，名叫桑多，只有 9 户人家。

24 岁那年，他和扎拉结婚，生下两个儿子，重复世代放牧的日子。6 头牦牛是一家人的生计。

• 普次仁赶着自家仅有的 6 头牦牛放牧。（来源：纪录片《中国减贫密码》）

　　普次仁总想着，能搬出去就好了。可从村子走到通往外界的大路，要整整一天。方圆几十公里，除了山，还是山。

　　自 2013 年起，中国开始了一项前所未有的工作——精准扶贫。历时一年半，中国为每一个贫困人口建档立卡。扶贫工作，第一次到村、到户、到人。

　　2015 年，普次仁被识别为贫困户，致贫原因是交通落后。精准扶贫政策为普次仁量身定制的第一步，是搬出大山。

• 普次仁眺望桑多村。（来源：纪录片《中国减贫密码》）

普次仁说:"当时,乡政府问我们,愿不愿意搬出去,我是第一个举手的。外头再怎么苦,肯定苦不过这儿。"

普次仁在安置点分到一套 75 平方米的住宅。这里交通方便,距离那曲市区车程只有半小时。

安置点旁边,一座现代化畜牧业示范基地刚刚投入运营。牛奶、酸奶、酥油是创收王牌。

在基地里,普次仁的妻子成了挤奶工,普次仁的儿子当上了装载机操作员,普次仁依旧负责照料牦牛。

• 那曲市色尼区凯玛村易地扶贫搬迁安置点的新房
（来源：纪录片《中国减贫密码》）

• 西藏自治区嘎尔德生态畜牧产业发展有限公司的牦牛暖棚
（来源：纪录片《中国减贫密码》）

• 西藏自治区嘎尔德生态畜牧产业发展有限公司的灌装车间
（来源：纪录片《中国减贫密码》）

　　搬下山后，普次仁一家的年收入第一次突破
了 10 万元大关。普次仁照顾的牦牛，从过去的 6
头，发展到如今的 600 多头。还是熟悉的天地，还
是心爱的牦牛，日子还与传统息息相关，但也大不
同于从前。

● 普次仁在嘎尔德生态畜牧产业发展有限公司的草场上放牧。（来源：纪录片《中国减贫密码》）

• 普次仁和家人分享产业分红。（来源：纪录片《中国减贫密码》）

　　"人有恒业，方能有恒心"。中国有9成以上建档立卡贫困人口得到不同方式的就业支持，许多人在家门口找到了工作。

• 高阿嫂在梯田耕作。（来源：纪录片《中国减贫密码》）

中国·云南·元阳

　　冬季，收获后的红河哈尼梯田，迎来一年中最美的时节。哈尼族人垦山为田，这是农耕文明的奇迹，也是艰困环境中的无奈智慧。

　　梯田产量不高，每亩仅为平原的一半。高阿嫂家只有四亩地，辛苦一年，勉强够一家人的口粮。

● 高阿嫂的家（来源：纪录片《中国减贫密码》）

　　在她的家乡阿者科村，人均年收入不到 2800 元，出去打工是许多人的选择。

　　高阿嫂说:"在外面打工的话，每天都是风吹日晒。为了小孩，为了家庭，我们还是愿意支撑。"

• 王然玄走村入户，征求村民意见。（来源：纪录片《中国减贫密码》）

三年前，中山大学为阿者科村量身打造了一套旅游脱贫方案。当地政府派出了驻村干部王然玄落实方案。为说服大家参与，他跑遍全村，65 户，一家一家聊。

● 王然玄召集村民举行村民大会。（来源：纪录片《中国减贫密码》）

    开村民大会，是王然玄最常用的工作方法。村里的每个重要决定，都由村民集体决策。依照规划，村集体建立旅游公司，村民用梯田、传统蘑菇屋入股。他们开始学习接待游客，自主管理公司。

• 阿者科村（来源：纪录片《中国减贫密码》）

• 高阿嫂（来源：纪录片《中国减贫密码》）

• 长街宴成为阿者科村的旅游项目。（来源：纪录片《中国减贫密码》）

　　高阿嫂也成为旅游脱贫的一员，她说："有家有工作，我很高兴。"

　　百年古树下，摆起哈尼族传统的长街宴。这是哈尼族最重要的风俗，用来分享一年的收获，祈愿来年丰收。现在，它成了游客最喜欢的项目。短短两年，阿者科计划带动了全村人脱贫。

　　每户有帮扶责任人，每村有扶贫工作队，是中国减贫特有的工作方式。
　　8 年来，中国有近千万人投入减贫事业，累计派出 300 多万名驻村干
部。他们扎根在偏远地区，用奉献照亮了脚下贫瘠的土地。

• 航拍的阿者科村（来源：纪录片《中国减贫密码》）

● 金鑫（来源：纪录片《中国减贫密码》）

中国·四川·凉山彝族自治州

金鑫今年 14 岁。和其他彝族少年一样，高海拔的山地生活，赋予他过人的耐力。

他是家里的老大，母亲吉克衣五莫这些年身体不好。为了治病，家里花了很多钱。但日子再难，她都没有想过让孩子辍学。

• 金鑫和母亲吉克衣五莫。（来源：纪录片《中国减贫密码》）

吉克衣五莫说："我是那种哪怕死了都会供孩子读书的人。"

吉克衣五莫没有读过书。在她的幼年时，这并不罕见。

• 吉克衣五莫（来源：纪录片《中国减贫密码》）

● 泸沽中学操场（来源：纪录片《中国减贫密码》）

　　凉山州是中国最后消除奴隶制的地区之一。千山阻隔，村民曾被贫穷剥夺了读书的权利。但在今天的凉山州，上学读书，早已不是遥不可及的梦想。

• 金鑫在泸沽中学上学。（来源：纪录片《中国减贫密码》）

　　2018 年，金鑫离开龙家沟村，到镇上的泸沽中学读初一。
学校为他免除了学杂费，还给了他每年 1000 多块钱的寄宿生
活补贴。

• 金鑫在泸沽中学进行拳击训练。（来源：纪录片《中国减贫密码》）

　　近些年，中国着力改善贫困地区薄弱学校的办学条件，泸沽中学不断改造升级。发展拳击教育让泸沽中学独树一帜。每年，四川省队都会在泸沽中学挑选有天赋的运动员。

对金鑫来说，如果能加入省队，将为他的生活打开新的大门。童年的大山，如今成了金鑫的训练场。

坚忍、拼搏，是拳击的内核。金鑫喜欢拳王泰森。他最爱的，是泰森的一句话：在真正放弃前，你绝不会输。

• 金鑫在泸沽中学参加省队拳击选拔赛。（来源：纪录片《中国减贫密码》）

对贫困地区的孩子而言，想与命运赛跑，就必须走过生命中最崎岖的路。这条路上，有国家的守护。

• 金鑫跑步训练经过雅砻江吊桥。（来源：纪录片《中国减贫密码》）

中国·黑龙江·富裕县

　　十里八乡都知道，姜开义爱唱歌。但要论身体条件，姜开义不适合
唱歌。他和妹妹，都患有同一种地方性心脏病。这种病，叫克山病。急
症发作时，病人心脏会在两天内迅速衰竭。克山病曾在姜开义长大的村
中暴发。那年，他只有 7 岁。

• 孙树秋（前右）带领医疗团队了解姜开义健康情况。
（新华社记者 刘恩泰 摄）

• 姜开义在富裕县繁荣乡。（来源：纪录片《中国减贫密码》）

    这场病，把姜开义唱歌的梦想彻底击碎。

    姜开义说："我挺恨这个心脏病。上初三那年，县文化馆招演员，老师说，一听这歌唱得没啥说的。过了一个多月，班主任告诉我说，我这身体有点儿亏了，当时我就哭了。"

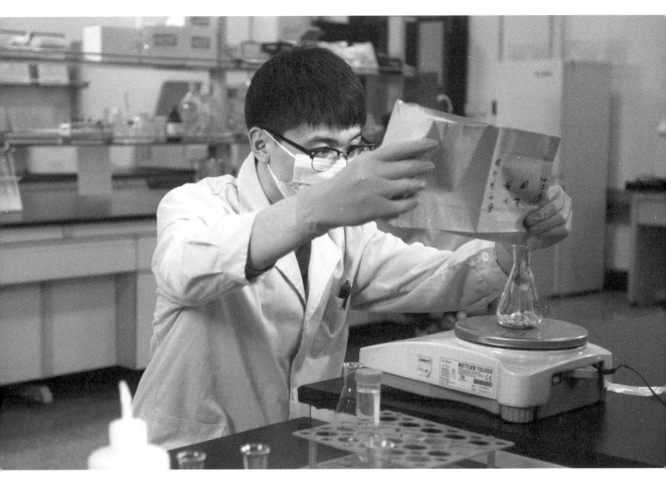

• 克山病防治研究所的科研人员正在进行实验。
（来源：纪录片《中国减贫密码》）

　　自 2005 年起，中国将慢型克山病患者纳入国家医疗救助体系，各地疾控中心为患者免费提供强心、利尿和扩血管的药物。最近三年，国家提高克山病治疗补助标准，并针对个体差异制订治疗方案。

• 西藏自治区拉萨市娘热乡村医前往村民家巡诊。
（来源：纪录片《中国减贫密码》）

克山病防治研究所科研带头人孙树秋说:"地方病与贫困就像一枚硬币的两面,许多人会因病致贫,因病返贫。精准扶贫以后,这些病人都能得到全面的照顾,这样的意义是非常大的。"

• 姜开义晾晒自家玉米。（来源：纪录片《中国减贫密码》）

　　经过地方病防治三年攻坚，克山病已经在全国所有病区县得以消除。

　　坚持服药多年，姜开义的病情得到控制。51 岁的他，从零开始，学习声乐。

• 黑龙江克山县居民跳广场舞。（来源：纪录片《中国减贫密码》）

　　今天的中国，健康扶贫为百姓编织了一张安全网。99.9% 的贫困人口参加基本医疗保险，住院总体报销水平可以达到 80%，农村贫困人口大病专项救治病种扩大到 30 种。每个村庄都有了医务室和村医。新中国成立前，中国人均预期寿命 35 岁；2019 年，这个数字是 77.3。

　　经过 8 年奋斗，贫困地区经济加速发展，群众义务教育、基本医疗、住房安全有了保障，许多贫困地区面貌彻底改变。2020 年年末，中国 832 个贫困县全部摘帽，绝对贫困人口全部脱贫。

　　为了实现这一伟大目标，全国 300 多万名第一书记和驻村干部，同近 200 万名乡镇干部和数百万村干部一道奋战在扶贫一线，其中 1800 多人献出了宝贵的生命。他们的动人故事深深镌刻在人类减贫事业的丰碑上。

• 姜仕坤（左）在贵州省黔西南州晴隆县长流乡与村民交流。（新华社稿）

　　2016 年 4 月 12 日，贵州省黔西南州晴隆县县委书记姜仕坤倒在了脱贫攻坚的路上。

2019 年 10 月 7 日，时任甘肃省舟曲县扶贫办副主任的张小娟完成曲告纳镇上大年村脱贫攻坚县级抽样调查工作后，返程途中所乘车辆不慎坠江，因公殉职。

• 2018 年 4 月，张小娟（右二）在下乡时向群众了解情况。（新华社稿）

• 黄文秀的父亲黄忠杰在表彰大会上。（新华社记者 刘彬 摄）

　　2021 年 2 月 25 日，全国脱贫攻坚总结表彰大会在北京人民大会堂隆重举行。"全国脱贫攻坚楷模"黄文秀的父亲黄忠杰替女儿戴上了大红花，洒下感伤的泪水。

• 黄文秀生前工作照（新华社稿）

　　黄文秀生前是广西壮族自治区百色市委宣传部派驻乐业县新化镇百坭村驻村第一书记，2019 年 6 月 17 日牺牲在脱贫攻坚一线，年仅 30 岁。

撰稿
手记

武笛　洛登　刘帅　丁汀　李光正　韩曦乐　孟菁　苏轶人　牛小溪

反贫有"密码"①

2020 年中国打赢脱贫攻坚战，历史性地解决了困扰中华民族几千年的绝对贫困问题，提前 10 年完成联合国 2030 年可持续发展议程的减贫目标。在这一历史节点，新华社用不到 3 个月的时间倾力打造了重磅纪录片《中国减贫密码》。

这部纪录片用生动案例解码了中国减贫经验，揭示中国治理贫困的成功实践既体现了制度优势，又包含了草根智慧，也为世界减贫提供了生动样板。

纪录片在国内外同步上线，一周内浏览量超过 10 亿，后续好评如潮。

———————————

① 　本集内容取材于新华社重磅纪录片《中国减贫密码》中的部分精彩内容。

　　147 个小时的素材，50 分钟成片，1360 个镜头，都是扎扎实实的原创内容。主创团队自豪地说，拍摄虽然紧张而辛苦，但用影像记录这个伟大时代，特别燃。

一个不能少

1949 年至 1969 年，中国先后开展四次扫盲。那时，到处都是学文化的景象，还有孩子教父母识字的趣事。战士祁建华发明的"速成识字法"让人 30 天学会 3000 多个汉字。全军运动会赛跑不用发令枪，谁先写出规定的字谁起跑。早在延安时期，毛泽东就曾经亲自教小八路识字……从文盲率 80% 到义务教育全面普及，这是中华民族对世界文明史作出的杰出贡献。

1952 年全军运动会赛跑现场很特别：起跑线的运动员不起跑，却在纸板上写字。

• 1952 年 8 月 2 日，庆祝中国人民解放军建军 25 周年全军运动会上，各代表队运动员在进行识字赛跑比赛。（新闻摄影局资料 岳国芳 摄）

• 1952 年 8 月，庆祝中国人民解放军建军 25 周年全军运动会上，西北代表队运动员在进行识字赛跑比赛。
（新闻摄影局资料　岳国芳　摄）

• 1952 年 8 月 2 日，庆祝中国人民解放军建军 25 周年全军运动会上，各代表队运动员在进行识字赛跑比赛。
（新闻摄影局资料 岳国芳 摄）

他们这是干嘛呢？原来，起跑不用发令枪，谁先写出规定的几个字，谁就可以起跑。之所以这样，是因为当时很多运动员都是文盲。这种文化普及方式，堪称世界一绝。

• 1955 年，辽宁省复县沙坨村的扫盲班在地里通过实物进行扫盲教学。（新华社稿）

现在的家长都不想 "孩子输在起跑线上"。而新中国成立之初，我们面前却是这样一条 "起跑线"：全国 5.5 亿人口中80% 为文盲。这不仅是中国发展的严重阻碍，对全世界来说也是一件细思恐极的事情。

党和政府下决心进行大规模扫盲。田间地头、街道厂矿、部队边疆……人们到处都在学文化。

• 1958 年 6 月，浙江省舟山群岛岱山县岱西乡的一支牧童队。
这是孩子们边牧牛边学习。（新华社记者 张申明 摄）

• 20 世纪 50 年代，辽宁省本溪煤铁公司的工人在识字班学习。
（新闻摄影局资料）

• 1958 年 9 月，福建省福州市生活在船
上的妇女在船头练习写字。（新华社稿）

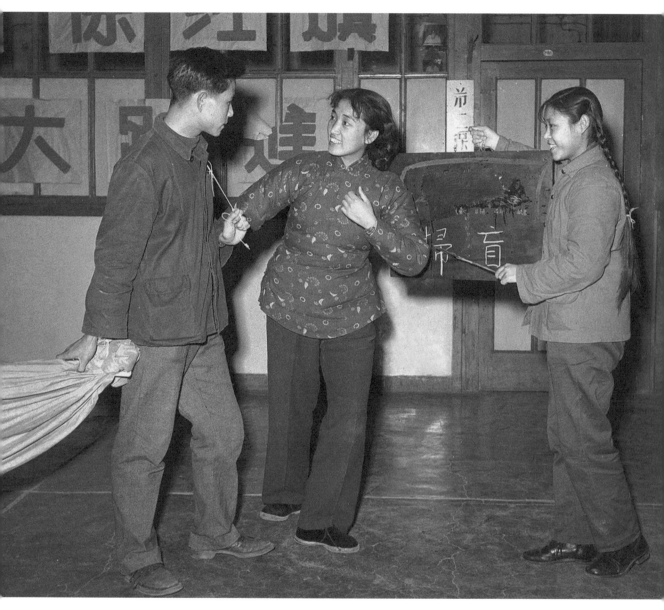

• 1959 年 12 月，中国青年艺术剧院到北京华北无线电器材联合厂劳动锻炼的演
　员吴凤媛（中）在帮助工人排练小歌剧《扫盲哨》。（新华社记者 郑小箴 摄）

• 1952 年，天津市一个剧团的演员在后台学习生字。
（新华社稿）

当时还有一个有趣的现象，常常不是父母教孩子，而是孩子教父母。

• 1960 年 4 月，安徽省萧县黄口公社邵油坊生产队 53 岁学员邵泽潭和他的 6 岁儿子邵民征分别用汉字和拼音字母，同时写"老子英雄儿好汉"七个字。（新华社记者 张文礼 摄）

• 1960 年 6 月，位于中国西北边境帕米尔高原的新疆塔什库尔干塔吉克自
治县，多民族社员在小学生的帮助下在田间学习文化。
（新华社记者 武纯展 摄）

刚读书不久的孩子，反过来教半辈子不识字的大人，这是
那个年代的特殊产物，也是人类文化史上的罕见现象。
那是新中国在还旧社会欠下的文化账。

• 1960 年 7 月，王忠信（左三）一家在学习注音。小儿子王九强（左一）
指 hua 问妈妈这个字念什么。（新华社记者 张瑞华 摄）

• 1959 年 5 月，居住在拉萨市八角街的儿童吉西班觉，放学回家以后，就教他不认字的母亲学文化。（新华社记者 王纯德 摄）

• 1959 年 12 月，6 个孩子的妈妈史秀兰
（中），在扫盲"小先生"赵淑英的耐心帮
助下，已认识 300 多个字了。
（新华社记者 武华 摄）

• 1960 年 6 月，黎莲珍（左二）在扫盲工作组成员、中山大学中文系学生
潘佩卿（右）的辅导下温习功课。（新华社记者 李惠芳 摄）

• 1956 年 3 月，送字站的魏淑美把生字送到张老太太家里，帮助她学习。（新华社记者 安康 摄）

• 1952 年 8 月，在行军中，战士们的背包上都贴上了注音字母
用来学习。祁建华（左一）是速成识字法创造者，他经常一面走，
一面教战士学习注音字母。（新华社记者 岳国芳 摄）

1952 年 8 月，一队战士在行军，他们一边走路，一边念
着前面一个人包袱上的注音字母。此前，这些身经百战的战士
大都是文盲。

而一个名叫祁建华的战士在向大西南进军途中发明了"速成识字法",能让一个人 30 天学会 3000 多汉字。刘少奇称他是"当代仓颉"。注音识字法,现在还留在《新华字典》上。

• 1952 年 8 月,在行军中,战士们的背包上都贴上了注音字母用来学习。祁建华(左二)经常一面走,一面教战士学习注音字母。(新华社记者 岳国芳 摄)

● 石少华同志（新华社稿）

　　中国共产党历来重视文化普及。1939 年 4 月 24 日，在延安东关，两个小八路兴冲冲地问毛主席好。毛泽东笑道："我不叫毛主席，我叫毛泽东。"说着，他在手心里写下这三个字，教他们怎么写。这一画面被一旁的摄影记者石少华拍了下来。

• 1939 年，毛泽东在延安教小八路认字。
（新华社记者 石少华 摄）

事后不久，毛泽东开始在延安推行义务教育。

• 陕甘宁边区的女干部帮助农村妇女和孩子学习文化。（新华社稿）

直到 20 世纪 60 年代初，毛泽东见到时任新华社副社长的石少华，还问："找到那两个小八路没有？"石少华说："找不到。"

• 20 世纪 60 年代，石少华应邀到毛泽东主席的家中做客。
（石志民提供）

• 1986 年 4 月，小八路刘长贵（中）与石少华重逢后交谈。
（石志民提供）

　　谁能想到，1986 年，一个很偶然的机会，石少华在辽宁见到了当
年两个小八路中个子小的刘长贵。就因为学了文化，他已成长为一名
国家干部。

• 1952 年 1 月，上海市吴淞区炮台乡船厂村冬学班下学的农民。
（新华社稿）

　　1949 年至 1969 年，中国先后四次开展扫盲运动。到 2000 年，中国
文盲率下降至 6.72%。这是中华民族对世界文明史作出的杰出贡献。

• 1950 年 10 月，山东省高密县康家庄小学校早晨举行升旗仪式。（新闻摄影局资料 陈之平 摄）

• 1951年，河北省定县翟城村开展冬学，学员们在上课。
（新华社记者 曹兴华 摄）

• 1956 年 9 月，北京市东四区第一中心小学一年级教师韩泽民（左）在登记入学的新生。（新华社记者 时盘棋 摄）

识字是文化的起点。全民重教气氛的形成，正在改变着中华民族的命运。回望历史，我们越来越深刻地体会到，"百年大计，教育为本；强国富民，育人为先"。

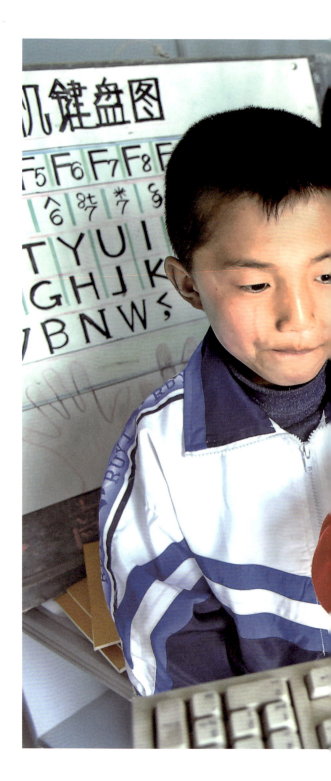

• 2007 年 4 月，宁夏回族自治区永宁县杨和乡王太小学学生正在计算机室练习键盘指法。
（新华社记者 李紫恒 摄）

• 2013 年 6 月，我国首次太空授课，同学们举手向航天员王亚平提问。（新华社记者 李鑫 摄）

撰稿
手记

李柯勇　吴平　张漫子

一个不能少

　　中国的扫盲是一件具有世界意义的伟大功绩，一些照片非常精彩，特别是 20 世纪 50 年代运动员先认字再起跑的那一组，谁看谁笑。这种文化普及方式，堪称世界奇观。战士们一边行军一边识字的画面也让人印象深刻。对这样的照片，详细地解说一下，就能让人看得津津有味。

　　但是仅仅说这些，又觉得分量还不太够。何平同志带着大家进一步梳理照片，说："那些孩子给大人上课的照片可以归为一类，这是新中国在还旧社会欠下的文化账。"一句话，点中了要害。

　　最有戏剧性的还是那张"毛泽东与小八路"的照片。本来我们不太想用它，因为大家都见过，不新鲜。后来查到，毛泽东当时正教小八路认字，我们就来了兴趣，继续挖下去。这事需要核实，陈小波跟照片的拍摄者石少华之子是老朋友，就打电话过去问，不料对方说："后来，我父亲还见过其中一个小八路啊！"他提供了 20 世纪 80 年代石少华见当年的小八路的照片。

这一下，一张照片延伸成了跨越半个多世纪的传奇故事，并成为串起前后各类素材的暗线。

扫盲是中华民族对世界文明史作出的杰出贡献。扫盲路上，一个人都不能落下，一个人都不能少。

希望的种子

"希望工程"，改写了成千上万孩子的命运，也激发了无数中国人的公益之心。

希望工程捐助的第一个孩子如今在哪里？两次以"一个老共产党员"名义发出捐款的人竟然是他……

今天，当受教育不再是问题，又是什么牵动着你我的心？

　　20 世纪八九十年代，中国农村贫困地区每年有超过百万儿童因贫困失学，这样严峻的事实引起社会高度关注。

　　1989 年，共青团中央、中国青少年发展基金会启动了我国第一个救助贫困地区失学少年的公益基金"希望工程"。

• 1990 年 3 月，贵州省松桃苗族自治县，两个孩子在做作业。
（新华社记者 陈喆 摄）

● 1995 年 4 月，贵阳市铁路职工宿舍的房顶上"苦中乐"的小学校。（新华社稿 周浩 摄）

• 1996 年 3 月，河北省顺平县地处太
行山区，小学生们在寒冷的教室里读书。
（新华社记者 查春明 摄）

• 少年张胜利（张胜利提供）

　　这个名叫张胜利的 13 岁男孩，是第一个接受"希望工程"救助的孩子。

　　1989 年，河北省涞源县桃木疙瘩村张胜利的父亲病逝、母亲改嫁，读三年级的他不得不辍学。

• 张胜利家人（张胜利提供）

• 桃木疙瘩村的孩子（张胜利提供）

　　还想读书的张胜利，想起了一位曾去过桃木疙瘩村的"大官"，便写信向他求助。他没想到的是，这封信，为数百万和他一样的贫困儿童，敲开了希望之门。

　　张胜利说："1987年车老师（时任涞源县政协副主席的车志忠）来我们村考察时，发现我们家唯一的财产就是一个柜子、两个水缸，也没发现粮食。他走的时候说，你们要好好上学，我要帮助你们上小学、上初中、上高中、考大学，将来你们要做个为国争光的人。"

　　张胜利在信中写道：我想念出书来像你一样，做一个对国家有贡献的人……

• 桃木疙瘩村的孩子（张胜利提供）

• 1987 年 10 月，河北省涞源县桃木疙瘩村。
（新华社稿 董智永 摄）

　　时任涞源县政协副主席的车志忠收到信后又去了桃木疙瘩村，当时 13 个孩子中已经有 9 个失学。他上书共青团中央等单位，呼吁全社会关注贫困儿童的教育问题。这封求助信辗转到了中国青少年发展基金会负责人的手里。

中国共产主义青年团中央委员会

（89）中青金字第01号

中国青少年发展基金会关于
资助河北省涞源县桃木疙瘩村小学的决定

中国青少年发展基金会根据其宗旨，通过筹集资金，创建我国第一个"救助贫困地区失学少年基金"。现决定对河北省涞源县桃木疙瘩村小学给予资助。

一、对张胜利等十三名学生颁发资助就读证，由我会担负他们小学期间每学期的书本及杂费；

二、对张胜利等十三名学生免费提供每人一套运动衣和学习用品；对张胜利等13名学生一次性发给补助二百元。

三、为桃木疙瘩村小学购置部分教学设施和用具，而价格拔款五百元。

望同学们克服困难，努力学习，争做有理想、有道德、有文化、有纪律的无产阶级革命事业接班人。

中国青少年发展基金会

附：资助物品清单

• 中国青少年发展基金会对 13 名河北省涞源县桃木疙瘩小学学生的资助决定。

1989 年 10 月，张胜利和其他 12 个孩子收到了"资助就读证"和学习用具、运动服。这是"希望工程"的第一笔资助。

• 1997 年，广西壮族自治区百色市平果县仕仁村的周标亮
（右一）参加"六一"儿童节活动。

　　1992 年，一场大火让广西壮族自治区百色市平果县仕仁
村周标亮一家陷入绝境，读四年级的她只好辍学。不久，周标
亮突然收到上学通知，有人向她伸出了援手。而资助她的人，
除了汇款单，什么名字都没留下。这是一张"特殊"的汇款
单，汇款人一栏写着"一个老共产党员"。

　　经过工作人员多方打听，捐款人原来是邓小平。曾领导百
色起义的邓小平，以一名共产党员的初心，惦记着老区孩子的
上学、成长。

• 1992 年 11 月 8 日《右江日报》上刊登广西百色地区全体受"希望工程"援助的小学生给邓小平同志的致敬信。

• 1990 年，邓小平为"希望工程"题字。（新华社稿）

　　国家推动，社会支持，"希望工程"成为当时中国社会参
与最广泛的公益事业。截至 2016 年年底，希望工程共接受捐
款 129.5 亿元，建起希望小学 19388 所，资助 553.6 万失学儿
童重返校园。

• 1999 年 4 月，张胜利任桃木疙瘩希望小学老师兼名誉校长。张胜利说："我 97 年毕业回来以后就走访、调查、做动员，动员那些孩子回去念书，给家人做工作，就得上学，只有知识才能改变命运。我说我就是现身说法。"（新华社稿 董智永 摄）

　　20 多年过去了，当年"希望"的种子已经长大成才。张胜利 1997 年从上海第一师范学校毕业后，选择回到东团堡乡中心小学任教。

• 1997 年 9 月，在河北省涞源县桃木疙瘩村小学任教的张
胜利和学生们在一起。（新华社稿 周文广 摄）

• 2012 年，周标亮（中）在给平果县希望小学三年级学生上课。
（新华社记者 吕文举 摄）

　　2000 年，周标亮从广西田东民族师范学校毕业，回到母校平果县希望小学任教。

• 左图 2017 年 5 月 5 日　右图 2012 年 9 月 5 日
在广西大化瑶族自治县板升乡弄雷村哈宝屯，12 岁的蒙文超在家门口的公路上，
伸手去"接"5 年前爬悬崖放学回家的自己。（新华社记者 黄孝邦 摄）

那些牵动亿万颗心的贫困孩子，都已长大成人。更多的孩子，得益于改革开放带来的教育经费增长。

今天的中国已经全面普及九年义务教育，无论在多么贫困的地区，最好的建筑都是学校。

孩子的梦想，是民族希望的种子。孩子求学路上的每一个困难，都牵动着我们的心。

亲爱的孩子，前面的路，你好好走。

撰稿
手记

刘美子　夏军　李俊义

希望的种子

　　希望工程的历史不长，但最不缺的就是故事，经典照片数
不胜数。如何从中选择最具代表性且具有一定揭秘性的故事，
是我们首先要解决的问题。对于短短 5 分钟的影像化叙事来
说，故事必须精而又精，并能记录一个时代的变迁。经过多次
讨论，创作团队在大量照片和史料中，不断寻找故事。选取了
用一封"求救信"为数百万贫困儿童打开希望之门的穷孩子张
胜利、一张署名"一个老共产党员"的汇款单等故事。

　　故事有了，如何在微视角下描绘出历史纵深感，是我们遇
到的第二个问题。一味地追求动人的片段，却缺乏一个凝神聚
气的主题，是我们在写作脚本中走入的又一个误区。经过反复
打磨，我们发现，其实在每一个希望工程故事的背后，都是党
和政府对于教育事业投入的关心，倾注着全社会的关爱。有了
"灵魂"，片子就立住了。

　　孩子的梦想是民族的希望。最后，我们将目光落回孩子身上。除希望工程外，更多的孩子得益于改革开放后的教育经费增长。而那些被希望工程资助的孩子，长大后再回到希望小学任教，上学路上的爱与希望正代代相传。人物、历史、情感在此刻交融，感动直抵人心。

大凉山女孩

四川省凉山州普格县东山乡，发生了一件轰动的事——乡里的中心学校办了"女子班"，90 多名彝族女娃要上学了！

新华社记者记录下女孩的求学画面。《大凉山女孩》用一组跨越 30 年的影像，讲了一个关于教育改变命运的故事。

千百年来，生在大凉山的彝族女人们，几乎重复着一种命运：出生定下娃娃亲，十六七岁嫁人，生儿育女，辛苦劳作。家人、火塘、农田、家畜……就是她们的整个世界。

• 1989 年，四川省彝族妇女背着泉水回家。（新华社记者 孙忠靖 摄）

直到20世纪八九十年代，女娃上学都算新鲜事。

• 1992年，四川省东山乡中心学校的升旗仪式上，彝家娃们注视着国旗，行少先队礼。
（新华社记者 陈燮 摄）

● 1992年9月，四川省东山乡中心学校的老师敲击汽车轮毂代替上课铃声。（新华社记者 陈燮 摄）

　　1990 年 9 月，四川省凉山彝族自治州普格县东山乡发生
了一件轰动的事。乡里的中心校办了两个"女子班"，一下子
收 90 多个女孩！

● 1992 年 9 月，四川省东山乡中心学校女子班老师金华英背着
不到半岁的孩子给学生们上课。（新华社记者 陈燮 摄）

为了说服父母让女孩上学，东山乡的干部挨家挨户跑遍了周围的村子。

1992 年，新华社记者陈燮从成都出发，坐班车、走山路，一路奔波，用了三天才来到东山乡中心学校。他的镜头，记录了女孩求学的艰辛，也定格了知识给她们带来的快乐。

● 1992年9月，四川省东山乡中心学校采用彝汉双语
教学。彝族学生进步很快。（新华社记者 陈燮 摄）

• 1992 年 9 月，四川省东山乡中心学校女子班的孩子在上课，一个孩子的父亲透过玻璃已破了的窗户看看教室。（新华社记者 陈燮 摄）

• 1992 年 9 月，四川省东山乡中心学校女子班的孩子们借
着门口的光线看书。（新华社记者 陈燮 摄）

• 1992 年 9 月，四川省东山乡中心学校女子班的孩子们高兴地玩起篮球。（新华社记者 陈燮 摄）

• 1992 年 9 月，四川省东山乡中心学校女子班的老师在马
灯下辅导孩子功课。（新华社记者 陈燮 摄）

• 1992 年 9 月，山风送着细雨，孩子们团团围着木炭盆，烘烤着稚嫩的小手。（新华社记者 陈燮 摄）

　　天真的孩子们并不知道，上学，将使她们的命运发生多大的改变。

• 1992 年 9 月，下课后黑板是孩子们自由创作的天地。

（新华社记者　陈燮　摄）

陈燮这样说：

"24 年后（2016）我又到了普格县，了解到 90 个孩子，其中十几个一路读出来了，改变了自己的命运，但是还有一些孩子，他们可能就在小学三年级的时候，终止了学业。教育对一个人的影响，真的有这么大。"

• 1992 年 9 月，四川省东山乡中心学校女子班的孩子们在老师的带领下跑步。（新华社记者 陈燮 摄）

● 1992 年 9 月，没有饭堂，孩子们在教室外吃饭。
（新华社记者 陈燮 摄）

• 1986 年，幼年时代的沙诺（左）和妹妹沙作。（沙诺提供）

因为读了书，格及莫沙诺和两个妹妹，走上了截然不同的人生路。

• 1992 年 9 月，四川省东山乡中心学校女子班的孩子在上课。画面中第二排中间转头看向一边的女孩，就是当年的沙诺。（新华社记者 陈燮 摄）

　　家里本来是让 7 岁的老二沙作去读书，但沙作坐不住，父母只好让 9 岁的老大沙诺"顶替"。

• 2001 年，16 岁的沙子（前）和 18 岁的沙作。（沙子提供）

　　沙诺成绩好，大学毕业后在县里中学当了一名英语老师。被"顶替"上学的沙作，种田放羊，17 岁嫁人，现在是三个孩子的母亲。老三沙子也没能上成学。她曾为了生计四处漂泊，因为生育问题就医，欠下很多债。自 2016 年以来，在精准扶贫政策的帮助下，沙子的生活终于开始好转。

沙诺回忆：沙子去学校里面，坐着听老师讲课，然后我妈妈就说哪里有那么多钱供那么多孩子读，然后她就把我妹妹拖出来。因为我读书了，我就改变了自己的命运。

• 2016 年 10 月，四川省普格县民族中学彝族老师沙诺正在上课。
（新华社记者 陈燮 摄）

如今的东山乡，已经看不到放羊的小姑娘。建得最好的房子，是学校。中心校一半的学生是女孩。

截至 2020 年年底，凉山州的女童入学率已经超过 99%。

• 2011 年 11 月，四川省凉山彝族自治州昭觉县比尔乡中心校女
童班的学生在上语文课。（新华社稿 王申 摄）

• 2017 年，格及莫沙子一家在一起。（新华社记者 陈燮 摄）

　　教育，是冲破命运轮回、斩断贫困传递的关键。今天的彝族女孩，生命的轨迹有了更多可能。那是火塘边的老祖母，从未想过的人生。

**撰稿
手记**

吴光于

大凉山女孩

　　在与贫困苦苦缠斗的岁月中，大凉山女孩的人生是千篇一律的黯淡底色。当教育的阳光洒向这片古老的土地，当精准扶贫来到彝乡村寨，女孩们的命运也悄然改变。从老一辈记者的生动记录，到新一辈记者的持续接力，新华社记者用持续 30 年的影像记录和关注，在大凉山腹地的一个小山村挖掘出极具代表性的彝家三姐妹的故事。书写她们的故事，时而澎湃，时而唏嘘。在大凉山"一步跨千年"的历史背景下，她们各不相同的人生际遇是最生动的时代印记。

山间一条路

不到 4 公里长的路，耗时一年多，每公里造价上千万。
为了它，重型直升机"史无前例"地出动了……
这背后，藏着什么故事？

羊，有 70 斤重。26 岁的且沙次干，就这样攀着溜索过河，到县城把羊卖了，换一些米、盐巴、辣椒回家。抵达溜索之前，他要先走 3 个多小时山路。这一幕，发生在 2005 年。

• 2005 年，四川省且沙次干攀着溜索把羊运过河。（林强 摄）

• 2019 年，四川省阿布洛哈村外出的崎岖山路。（新华社记者 江宏景 摄）

那山路，像一条缠绕在山壁上的带
子，又窄又陡。

最窄的地方，只够放一双脚。

• 2017 年 1 月，四川省阿布洛哈村外出的崎岖山路。
（新华社记者 江宏景 摄）

　　且沙次干所在的村子，叫阿布洛哈，位于四川凉山彝族自治州布拖县金沙江大峡谷与西溪河峡谷的交汇处，三面环绕着海拔 3000 多米的群山、一面临崖，抬头壁立千仞，脚下深渊万丈。

● 2019 年 7 月，四川省大山深处的阿布洛哈村。
（新华社记者 江宏景 摄）

山 间 一 条 路

彝语中，"阿布洛哈"的意思，就是"高山中的深谷""人迹罕至的地方"。

• 2005 年 4 月，四川省阿布洛哈村内人畜混住。
（林强 摄）

• 阿布洛哈村的房屋（林强 摄）

• 通往阿布洛哈村的小路（林强 摄）

• 阿布洛哈村内劳作的村民（林强提供）

• 2005 年 11 月，四川省阿布洛哈村小学的孩子们在简易
操场上活动。（林强 摄）

● 2005 年 9 月，四川省林川小学开学典礼。（林强 摄）

　　直到 2005 年，在各界帮助下，阿布洛哈村才有了第一所
小学——林川小学。

• 2017 年 1 月，四川省阿布洛哈村小学二年级学生上课。（新华社记者 江宏景 摄）

• 2017 年 1 月，四川省阿布洛哈村小学的学生在水龙头前
洗脸。（新华社记者　江宏景　摄）

• 2017 年 1 月，四川省阿布洛哈村小学的学生在学校食堂用餐。（新华社记者 江宏景 摄）

• 2018 年 11 月，四川省阿布洛哈村的村民用马匹驮运物
品走亲戚。（新华社记者 江宏景 摄）

此后十多年里，小山村不断发生变化，通了电，加宽了山路，建了饮水工程，修了新房子。

但村民们最期待的，是一条便捷的通村公路。

• 2016 年 12 月，四川省阿布洛哈村的村民走在山路上。（新华社记者 江宏景 摄）

路难走，能要人命。

这个不到三百人的村子，超过一半是建档立卡贫困户。

交通，是阿布洛哈村脱贫攻坚最大的"硬骨头"。

• 2019 年 12 月，重型直升机助力阿布洛哈村修路。这是我国交通建设史上第一次为了修一条通村路动用重型直升机。（新华社记者 江宏景 摄）

2007 年的一个深夜，时任四川省语言文字工作委员会办公室主任的林强接到村长的求助电话。村里有个妇女肚子痛，情况危急，但天黑路陡，人没法送出来。

林强回忆说："我就告诉县里面第二天能不能派两位医生去。当时这两位医生也做好了准备，刚刚要出发的时候，村长告诉我们说妇女已经死了。我到了村子里面再了解，就是一个急性的阑尾炎，但是在那个地方就让一个生命流逝了，留下了

• 2019 年 12 月，正在修建的阿布洛哈通村公路。
（新华社记者 江宏景 摄）

一个只有七个月的小孩。"

2019 年 6 月，在村民期盼的眼神中，一条四级通村公路正式动工。在悬崖峭壁上修一条公路有多难？短短 3.8 公里，每公里造价超过千万元。

难题不断出现。修最后一公里时，施工队发现，悬崖两边，断裂纵横交错，随时还可能发生大面积塌方。

修路方案只好改为"全隧道"，不到 4 公里要打 3 个隧道。

• 2019 年 12 月，施工中的阿布洛哈通村公路。
（新华社记者 江宏景 摄）

• 2019 年 12 月，修建阿布洛哈通村公路施工中被砸毁的挖掘机。（新华社记者 江宏景 摄）

• 2019 年 12 月, 阿布洛哈通村公路施工现场。
(新华社记者 江宏景 摄)

为了尽快通路，工地上高峰期同时有 300 多人赶工，24 小时三班倒不停歇。

● 2019 年 12 月，四川省阿布洛哈峡谷摆渡车运行。

（新华社记者 江宏景 摄）

　　几代人的梦想，就要实现了，人们的心情愈发急切。为了让村民在 2020 年元旦就能较为方便地出行，公路通车前，施工队修了一座悬崖"摆渡车"。

• 2019 年 12 月，俯瞰阿布洛哈村通村公路的起点拉果乡伟木村。（新华社记者 江宏景 摄）

2020 年 6 月 30 日，阿布洛哈村通村公路全部建成。我国最后一个具备通硬化路条件的建制村，通车了。

• 2020 年 6 月，阿布洛哈村通车了。（新华社记者 江宏景 摄）

　　现在，坐车去县城，只要两个小时。且沙次干计划买个车，从县城运点吃的、用的回来，在村子里卖。

• 2020 年 6 月，且沙次干夫妻搬运生活用品。
（新华社记者 江宏景 摄）

• 2020 年 6 月，俯瞰阿布洛哈村通村公路 2、3 号隧道之间的钢桥。（新华社记者 江宏景 摄）

他说："现在卖什么东西也不用去背了，搬到车上就行了，买回来也是放车上就可以，不用苦哈哈去背了。"

更多的变化，正在路上。

• 2005 年，吉列拉火在家门口。（林强 摄）

• 2020 年，吉列拉火在新家门口。（新华社记者 江宏景 摄）

• 2006 年，阿色达牛在自家院子。（林强 摄）

• 2020 年，阿色达牛在阿布洛哈村的山坡上。
（新华社记者 江宏景 摄）

• 2005 年，吉尔子日在自家院前。（林强 摄）

● 2020 年，吉尔子日在新家前。（新华社记者 江宏景 摄）

跟随村民们的脚步，曾经几乎与世隔绝的阿布洛哈，已不再是"阿布洛哈"。

• 2020 年 6 月，喜迁新居的阿布洛哈村民。
（新华社记者 江宏景 摄）

20 世纪 50 年代初，我国通村硬化路几近于零公里。

• 1952 年 10 月，西藏怒江两岸村民溜索渡江。
（新华社稿 张西民 摄）

截至 2019 年年底，我国农村公路里程已达 420 万公里，惠及 6 亿多农民。

• 2020 年 5 月，广西壮族自治区融水苗族自治县同练瑶族乡大坪村下大弄屯的通屯公路。

（新华社记者 黄孝邦 摄）

• 2020 年 6 月，四川省阿坝藏族羌族自治州壤塘县的"上南天路"。（新华社记者 沈伯韩 摄）

脚下的路好走了，生活的路，也更加平坦。

撰稿
手记

董小红　胡旭

山间一条路

　　四川凉山州阿布洛哈是全国最后一个不通公路的具备通硬化路条件的建制村，这次正式开通到镇上的客运班线，标志着我国农村公路建设取得历史性跨越。

　　有背景、有故事。脚本没有单一写阿布洛哈通路通车这一事件，而是回顾了修路的一波三折：从动用重型直升机吊运大型修路设备，到修建悬崖"摆渡车"、打通3个隧道架1座钢桥，全景式展现了修路背后惊心动魄的过程；其中还穿插了中国农村公路修建的历史背景，还有动人的人物故事，独特的人物感受。这个2000多字的脚本是从几万字的采访素材中凝练出来的，记者和编辑反复修改，字斟句酌，淬炼出最精华的段落。

　　记者多次实地采访，还拍摄了海量照片。在直升机吊运设

备、修建"摆渡车"等关键修路时间节点，记者都在现场，并
采访了省市州交通部门相关负责人、施工现场负责人、一线施
工工人、阿布洛哈村村民、村党支部书记等数十人，掌握了大
量一手资料。

扫这里
看《国家相册》视频

本集撰稿：杨荣荣　高蕾

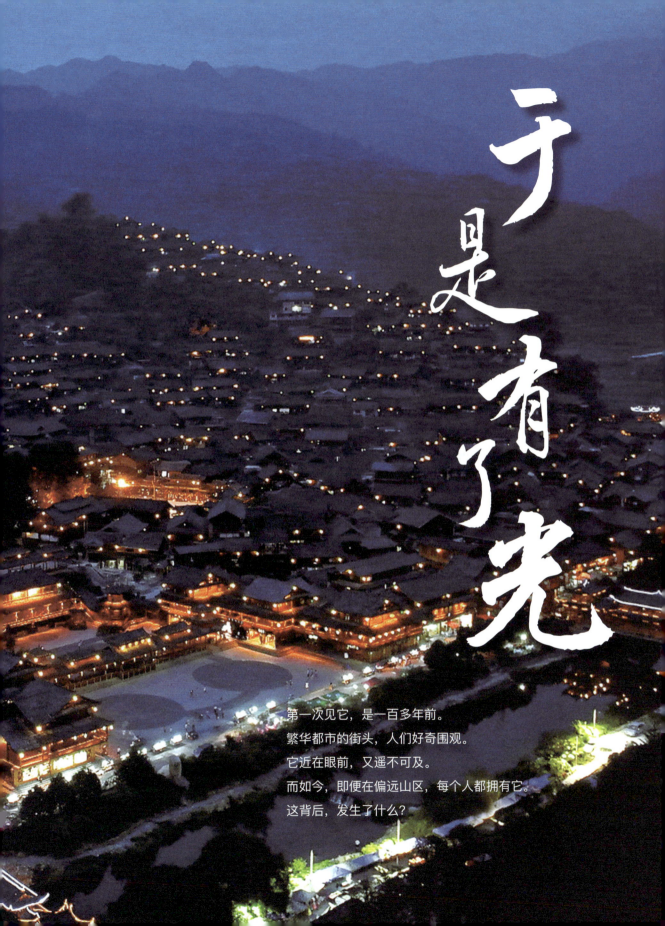

于是有了光

第一次见它，是一百多年前。
繁华都市的街头，人们好奇围观。
它近在眼前，又遥不可及。
而如今，即便在偏远山区，每个人都拥有它。
这背后，发生了什么？

　　1882 年 7 月 26 日，上海。中国的夜晚与一种从未见过的
光芒相遇。6.4 公里长的供电线路上，15 盏电灯同时亮起。
　　当时的《字林西报》说，这些电灯装在好几处地方，凡有
电灯之处都聚集着不少观众。

• 20 世纪 30 年代，上海市江边电站全貌。（上海市电力行业协会提供）

　　电力，现代文明的象征。但第一次"触电"，中国的老百姓只能好奇围观。因为电是外国公司产的，电灯是给外国租界用的。

• 1949 年 8 月，辽宁省抚顺发电厂的工人们在安装发电机。
（中国照片档案馆征集 刘庆瑞 摄）

　　1949 年，我国超过 80% 人口为无电人口，全年发电量
大约只有 43 亿度。新中国成立后，人民的发电机，快速运
转起来。

• 1958 年 5 月，陕西省老人杜元贤在看解放军战士写给她的信。
（新华社记者 姜国宪 摄）

• 1955 年 12 月，上海市深夜学习的学生们。
　（新华社记者　范杰　摄）

漫长的岁月，这小小的油灯，摇曳的火光，陪伴太多沉默与无奈，也积攒着一代代人的希望。

· 1950 年 9 月，上海市电力工人开始铺设过江电缆线。
（中国照片档案馆征集）

• 1956 年 5 月，河南省建在黄河总干渠上的水电站三号
跌水闸。（新华社记者 徐振炎 摄）

新中国成立后，不仅城市、工业区建起一批发电站，农村也兴
起一股办电热潮。

• 1960 年 2 月，河北省遵化县建明公社的社员们第一次在公社图书馆的电灯下读书看报。（新华社记者　王旭东　摄）

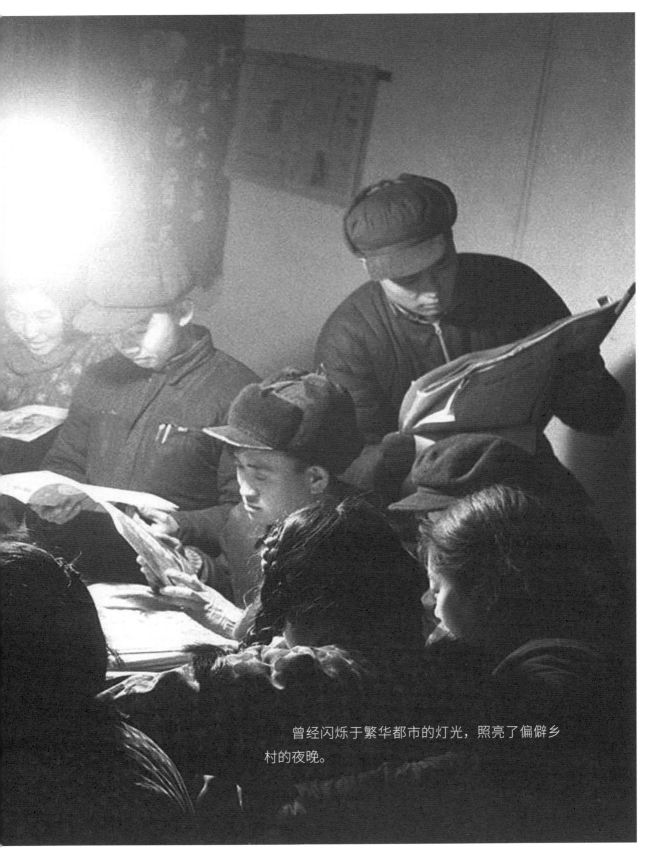

曾经闪烁于繁华都市的灯光，照亮了偏僻乡村的夜晚。

• 1972 年 8 月，山西省陵川县电工正在安电灯。
  （新华社稿 韩宽晨 摄）

• 1955 年 12 月，山西省的一些农民们围集在一起看电灯。
（新华社记者 周树铭 摄）

213

1958 年 3 月，河北省静海县北五里庄的一个小型水电站开始发电，能给 400 多户人家照明，还能带动小钢电磨磨粉。

• 1958 年 3 月，河北省静海县北五里庄农民利用电力带动小钢电磨磨粉。（新华社记者 时盘棋 摄）

• 1958 年 3 月，河北省静海县北五里庄的妇女们夜间在
电灯光下工作。（新华社记者 时盘棋 摄）

• 1958年3月，河北省静海县北五里庄一位在电灯下纳鞋底的妇女和她读书的侄子。（新华社记者 时盘棋 摄）

北五里庄（现天津静海区北五里村）村民姜淑田说："人们辛辛苦苦黑白的忙，为了早通电。等到发电站修好了，都闹着'电灯亮了，从前没有'。"

● 20 世纪 50 年代，山东省东风人民公社社员夜晚在电灯下联欢，共庆丰收。（新华社记者 张瑞华 摄）

日子，一点点亮起来。但随着用电的地方越来越多，新的烦恼也来了。

1989 年 8 月的一个夜晚，湖南省长沙县长乐塘村村民周厚其和丈夫罗松良再也坐不住了。他们决定，给中央写信。

周厚其所在的石常乡长乐塘村是有 300 多户人家、1000 多号人口的大村，一年有电的时间少，停电的日子多。白天在田里累了一天，回到屋里电灯不亮，电扇不转，蚊子追着咬。

罗松良壮着胆子，一口气写了两页纸的信。信中写道："农民节衣缩食省下钱，购买的送电、用电设备，如今闲置在那里；杂交晚稻壮苞孕穗时节，要水滋润，可是电动抽水机开不动；农家照明用电就更缺了，有时一天 24 小时不来电，一年 365 天，停电 300 天左右。对此，农民很有意见。"信写好后，罗松良将这封信小心翼翼地投进了邮箱。

这是一个农村家庭遇到的难题，也浓缩了一段时期用电"僧多粥少"的困境。

让老百姓用上电，更要用好电。几十年间，随着电力事业发展，没电断电的记忆，渐渐远去。

• 1964 年 11 月，西藏降巴门弄（左二）的孩子在电灯下温习功课。（新华社记者 马竞秋 摄）

• 1963 年 11 月，吉林省延吉县东盛公社的青年
电工安装避雷器。（新华社记者 刘恩泰 摄）

• 1981 年 11 月，吉林省送电工人们进行高空作业。
（新华社记者 花皖 摄）

• 2008 年 2 月，浙江省电力抢修人员在高空作业。
（新华社记者 黄深钢 摄）

• 2020 年 1 月，青海省峭壁上的巡线工。
（新华社记者 吴刚 摄）

奇迹的背后，是一个国家为改善民生所付出的努力。目前，中国电网规模排名跃居世界第一。发电量、用电量均居世界首位。

• 2019 年 8 月，河北省平山县岗南镇李家庄村附近的光伏发电站。（新华社记者 杨世尧 摄）

• 2014 年 12 月，青海省果芒村。（国家电网青海分公司提供）

　　在青海省果芒村，人们长久以来点油灯过夜，烧牛粪过冬。后来有了小水电站，但发电量根本不够用，赶上枯水期，就没有电。

　　这是平均海拔4000米以上的青藏高原腹地。2015年12月，生活在这里的3.98万无电人口实现了通电，中国全面解决了无电人口用电问题。

高寒缺氧、交通不便，在这里实施通电工程难度极大。为了保护生态，施工材料都得靠人工和骡马往山上运。

• 2015 年 12 月，青海省电力工人正在为果芒村架设电线杆。（国家电网青海分公司提供）

国家电网青海省电力公司班玛县供电公司员工代钢说:"通电后,村民说,你说的小水电、大电网我不懂……电够用我懂。以前的灯泡就是个红丝丝,现在是个小太阳。"

如今,79岁的果芒村村民伊里奇,改变了几十年的生活习惯,不再天一黑就睡觉。

他说:"有了电就有了光明!"

• 2020 年 5 月，青海省果芒村村民伊里奇在家中使用电灶烧水。（新华社记者 吴刚 摄）

• 2020 年 5 月，航拍的青海省果芒村夜景。（新华社记者 吴刚 摄）

人在哪里，就要把现代文明之光送到哪里。于是在这片土地上，有人的地方，就有了光。

• 2015 年 8 月，夜色中的贵州省西江千户苗寨。（新华社记者 王颂 摄）

• 2012 年 4 月，福建省南靖县境内的土楼亮起景观灯。
（新华社记者 王颂 摄）

撰稿
手记

杨荣荣　高蕾

于是有了光

　　这是一次不断推翻"理所当然"的探索过程。团队里大多数是年轻人，没有经历过停电缺电，拿到题目想当然地认为会有海量故事任君挑选，但顺着照片一头扎进去，竟然打捞不出几个细节丰富、面目清晰、平实讲述的人物故事，为数不多的线索也总在"通电了""灯亮了"那一刻断掉。没办法，成功无捷径，全凭笨功夫，沿着历史沿革、人物回忆录、实地走访一一摸索过来，终于在宏大的历史叙事中拉扯出一个个细微而生动的百姓注脚。

　　人们说要有光，于是就有了这期相册的"题目"。文中或文末要不要直白地点破主题？不，还是让故事和细节说话吧，果然，你看，在评论区一位位读者写下的大段留言，就是国家记忆与个人情感激荡起的巨大回响。

扫这里
看《国家相册》视频

本集撰稿：姜伟超　多蕾　张泪泪

水来万物生

剀开一粒黄土，半粒在喊渴，半粒在喊饿。——甘肃诗人李满强

你知道最缺水的生活，是什么样的？曾经，一滴水恨不得掰成几瓣用。人们洗脸、种地的方式，都超乎你想象。

一个水润田园的梦，做了一代又一代；一条穿越半个多世纪的水渠，淹没了几多深沉往事。去甘肃定西，感受水来万物生的希望和力量。

　　20世纪90年代以前，对甘肃定西人来说，整个世界都是枯黄色的。这里位于黄土高原，地处甘肃中部，是中国最干旱的地区之一。

　● 甘肃定西白碌乡地处黄土高原北部的丘陵沟壑地带，由于特殊的地理位置，这里十年九旱。（新华社记者　武斌　摄）

• 1999 年，甘肃省双目失明的农民周四喜，看不见水，也要坐在送水车旁，听一听"哗哗"的水声。（新华社记者 武斌 摄）

• 1992 年，甘肃省有很多县出现大旱，给本来沙土流失严重
的黄土高坡带来严重影响。（新华社记者 王振山 摄）

• 1995 年，甘肃省火坎村。（新华社记者 武斌 摄）

1995 年的甘肃定西，史永梅刚失去丈夫不久。一个人带着 4 个孩子，光吃水就把她难住了。

• 1995 年，甘肃省定西县大岔村的史永梅给孩子脸上喷了一口水，这就是洗脸了。这是当地农民因缺水而形成的洗漱习惯。（新华社记者 武斌 摄）

● 1992 年，甘肃省通渭县村民守在已近干涸的泉边等水。

（新华社记者 王振山 摄）

为了吃水，头天太阳没落山，就得去山下仅有的一口井边
排队，等着水渗出来，再用盆舀到桶里。等一晚上，只能担回
两桶苦苦的碱水。

• 1997 年，甘肃省宕昌县泥首村仅有一眼泉水井。
（新华社记者 武斌 摄）

• 1999 年，甘肃省的一些村民到十几公里外的山沟取泉水。
（新华社记者 武斌 摄）

• 甘肃省的一些村民从水窖里打水。（新华社记者 杜导正 戴煌 摄）

为了把少得可怜的雨水积攒起来，史永梅先是带着孩子打了一个红土水窖，又在政府帮助下打了三个水泥水窖，夏天集雨，冬天集雪。

• 1999 年，甘肃省的一些村民在建集雨窖。（新华社记者 武斌 摄）

• 水太珍贵了，村民给水窖上了锁。（新华社记者 梁强 摄）

一个上锁的水窖背后，有多少辛酸故事？

政府派车来送水，渴极了的牛嗅到水味儿，追着车一路狂
奔。水盖刚打开，几只麻雀俯冲下来，一头扎进水桶里。

• 1999 年，甘肃省政府给旱情严重的村庄送水。
 （新华社记者 武斌 摄）

这么干旱，农民们先把陶罐埋到地里，往里加水，然后在
罐子四周埋下种子。水通过陶罐一点点渗进土里，滋润庄稼。

• 1999 年，甘肃省的农民用"渗灌法"种地。
（新华社记者 武斌 摄）

• 1981年，甘肃省一群孩子正在放羊。（新华社记者 杜导正 戴煌 摄）

在这块缺乏色彩的土地上，一代代人奋力生存，一代代人梦想着绿色的田园。

● 1981 年，甘肃省定西县新育成的小树林。
（新华社记者 杜导正 戴煌 摄）

• 1997 年，甘肃省会宁县一个学生在因缺水而干旱的黄土地上算数。（新华社记者 武斌 摄）

　　为了给这片干旱的土地解渴，早在 1958 年，政府就启动了"引洮工程"，想打穿重重大山，把黄河的支流洮河水引上高原。十多万人奋战三年，终因为技术、经济条件制约，工程被迫停工。大工程必须有强大国力作支撑。

• 1958 年，甘肃人民引洮河水上山。（甘肃省引洮工程建设管理局提供）

• 1960 年，甘肃省引洮工地的青年举行入团宣誓仪式。
（新华社记者 傅振欣 摄）

• 1960 年，工人们在甘肃省引洮上山水利工地工作。
（新华社记者 傅振欣 摄）

• 1960 年，工人们在甘肃省引洮上山水利工地工作。
（新华社记者 傅振欣 摄）

• 2007 年，甘肃省洮河九甸峡水利枢纽正在施工。
（新华社记者 张锰 摄）

● 21世纪初，隧洞掘进机预制管片正在生产。
（甘肃省引洮工程建设管理局提供）

　　2006年年底，引洮工程再次启动。从前手挖肩扛的落后方式，被机械化作业取代。庞大的全断面掘进机，一头扎进山里，隧洞就能一次成型。

• 21世纪初，甘肃省引洮供水一期工程7号隧洞施工现场。
（甘肃省引洮工程建设管理局提供）

• 1996 年，陈玉章坐在自家院中。（陈玉章家人提供）

有一位老人，家住引洮工程7号隧洞附近，每天搬着小板凳来看施工。他叫陈玉章，参加过老引洮工程。几十年前，还是小伙子的陈玉章就在家对面的山坡上，拼尽一身力气凿山挑土，但挖过的隧洞最长也只有十来米。

引洮工程要征用老陈家的果园，补偿款一分不少，他老伴还是舍不得。陈玉章却说，引洮是天大的事情！

• 陈玉章老人（新华社稿 陈辉 摄）

　　其实陈玉章心里也很不舍。他说:"三十几棵杏树,十几年了,心疼啊,怎么不心疼?我栽一棵树不容易长大,挖掘机去两下就挖倒放在边上了,我就不由地淌眼泪了。"

• 2010 年,陈玉章老人和老伴在家中。(陈玉章家人提供)

2011 年，陈玉章的老伴去世了。他在老伴坟前说："洮河水引来了，我就来告诉你！"

然而，陈玉章自己也没能等来这一天。2012 年 5 月，老人带着遗憾，永远闭上了眼睛。生前，他叮嘱儿子，等水通了，在他和老伴的坟前种些树，好让他们知道，咱这儿也有了水，也能长成树了！

2014 年，清冽的洮河水，穿越了半个多世纪，终于来到这片干渴千百年的旱塬山乡。

• 2014 年，甘肃省定西市安定区群众从十里八乡赶来喜迎洮河水。（甘肃省引洮工程建设管理局提供）

● 引洮工程的水源工程——九甸峡水利枢纽。
（新华社稿　陈永刚　摄）

因为有了水，万物复苏。史永梅所在的定西市安定区，在 2020 年全面脱贫。此时，陈玉章坟前已郁郁葱葱。

• 2020 年，甘肃省定西市李家嘴村村民采收芹菜。
（新华社稿 陈永刚 摄）

• 2020 年，陈玉章老人家乡新貌。（陈玉章家人提供）

撰稿
手记

姜伟超　多蕾　张汨汨

水来万物生

　　说起撰稿，这集《国家相册》中出彩的话语，每一个字、词，乃至标点都是团队的力量。大家夜以继日，在我社几代记者积累的珍贵历史资料基础上反复斟酌。像当年人们找水那样，苦苦寻觅着那些和水有关的故事。

　　如何在茫茫人海中找到那个有故事的人，找到我们想要的那个点，只有在搜集大量资料的基础上一一筛选。从哪里讲故事、如何讲故事，主创团队精心打磨，仅文稿就修改了 20 多次。从缺水、盼水，到大型水利工程艰难推进，故事不断调整，资料不断完善，最终将珍贵的历史资料"复活"，为受众展开了那段虽不遥远但可能难以想象的历史。

扫这里
看《国家相册》视频

本集撰稿：李峥

土豆的记忆

土豆的味道，便是凡人的味道，平淡无奇却滋味醇厚。
它有很多名字，马铃薯、洋芋、山药蛋……
每种叫法，背后都是百味人生。
为什么，她一提起"土豆窝窝"就掉泪？
为什么，他成了吃过"最多"土豆的作家？
冒着熟悉的香气，你是否忆起了什么？

八九月北方土豆丰收，今天的
中国，几乎找不到没吃过土豆的人。

• 1951 年 3 月，北京南郊供销社向人民银行贷款到山东滕县采购土豆
种子后配售给当地村民。（新闻摄影局资料 丁一 摄）

• 1954 年，当时的西康省凉山彝族自治区昭觉县滥坝乡土豆丰收。吉古呷呷全家出动到地里挖土豆。（新华社稿）

　　土豆是舶来品，在中国落地生根的时间并不长。最先被它征服的是深山百姓。

　　山地贫瘠，能种的东西太少。土豆不惧寒冷、干旱，又高产。虽其貌不扬，滋味寡淡，却能充饥救荒。

　　抗战爆发，粮食生产供应不上，容易种植的土豆被大力推广，山西省甚至要求"民间婚丧大事必有山药蛋佐餐"。

● 1958 年 12 月，青海省大通县钢铁工地上的女炊事员在储藏蔬菜的窑洞里取土豆。（新华社稿）

• 1955年，安徽省屯溪市郊庵东农业生产合作社土豆丰收，社员们正在收土豆。（新华社稿 项上焜 摄）

• 1963 年，陕西省米脂县高庙山公社高西沟大队在水平梯田种的土豆丰收了。（新华社记者 和坪 摄）

• 1956 年，来自北京、天津、哈尔滨、山东等地的近 3000 名青年把曾经一片荒凉的黑龙江省萝北草原建设成美丽的田园。天津青年集体农庄在新开垦的荒地上种的土豆丰收。（新华社记者 张文礼 摄）

　　漂洋过海来的食物，在中国各地有了不同叫法。每一种叫法背后，都有说不完的酸甜苦辣。

有人唱着"想哥哥想得迷了窍，抱着柴火跌进了山药窖"，有人提起"土豆窝窝"就掉泪。

• 1959 年，西藏的藏族农民向土豆地里喷洒杀虫药水。（新华社稿）

内蒙古人尚玉花记得，新中国成立前闹饥荒，全家人熬一锅玉米糊，里面能放几颗土豆，就是顿好饭。饭不够吃，爷爷总把自己那份留给小孩子。最后爷爷活活饿死了。

尚玉花说："我三四岁的时候吃个土豆，就像现在吃饺子一样。那时候家里实在没多少吃的，爷爷经常把自己那份都给孙子、孙女。有一天我去爷爷屋里，看到他把晒干的咸菜泡着凉水吃。我爷爷去世时候的场景现在历历在目，弥留之际，他拉着我的手说，给爷爷吃口土豆窝窝吧，爷爷想吃。我哭着说，爷爷哪有土豆窝窝啊，咱们家没有啊，我爷爷最后是饿死的，他临死前就是想吃口饱饭啊。"

做母亲后，尚玉花不惜力气地劳动，就靠种土豆，养大了 5 个孩子。20 世纪 80 年代，女儿结婚了，陆续有外地的客商来村里收购土豆，说是比别处的好吃。女儿从母亲那里继承谋生的本领，挖窖存土豆，卖到大江南北。

• 1948 年，凉城（位于今内蒙古）一户人家的午餐是用牛粪烧的土豆，一家人只能吃上这样的饭。拍摄者黎枫说："打凉城的时候，没有饭吃，一人一个大土豆、一个小土豆、一碗稀饭，吃完饭后就去攻城。"（新华社稿　黎枫　摄）

• 1955 年，河北省工会联合会食堂的炊事员，正用含有
60% 马铃薯的面粉包饺子。（新华社稿 李械 摄）

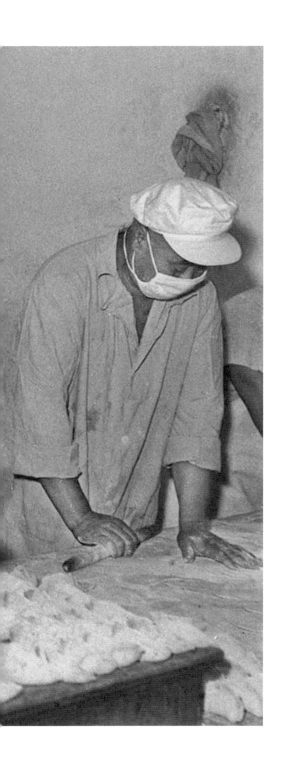

新中国成立后很长一段时期，由于大米和小麦供应的缺乏，土豆、红薯几乎撑起了主粮的半壁江山。

• 1958 年，宁夏回族自治区同心县喊叫水人民公社的回族妇女在地里吃午饭。土豆是当地的重要食物，吃面把土豆切条煮，喝粥把土豆切块熬，一日三餐都离不开。（新华社记者 齐观山 摄）

• 1980 年，西藏自治区一个普通农村家庭的晚餐，这一顿吃的是糌粑和土豆烧牛肉。（新华社稿 康松 摄）

　　日子艰难，好在土豆随和。凭主妇的巧思，调和珍贵的油和盐，土豆成为餐桌上的美味。

蒙古文化学者伏瑞峰说："那个时候每到秋季收土豆，那是全村孩子们的乐事。我们瞒着大人到别人家地里吃烧土豆，有时是偷着烧，心急啊！可土豆偏偏不熟，捧在手里烫，啃在嘴里硬，一会儿的工夫满手满脸都是灰了。时至今日那种香味还时时唤起我的记忆，没有土豆的饭总觉得吃不饱。"

土豆成熟。有人捡，有人装，有人扛，有人拉。垒几块土疙瘩，把新收的土豆放进去烤。独特的香气是父辈们儿时的记忆。

• 1949 年，黑龙江省通北机械农场职工在收土豆。
（新华社记者 王纯德 摄）

• 1955 年，黑龙江省克山县农民在收土豆。
（新华社稿 张戈 摄）

• 1956 年，河北省宣化县响水铺农业社社员将成熟的土豆装入口袋。（新华社稿 袁浩 摄）

• 1959 年，新疆生产建设兵团玛纳斯垦区农场土豆丰收，农场职工将土豆装车。（新华社记者 范博 摄）

• 1965 年，河北省平山县太行山区下盘松村村民戎冠秀在地里收土豆。（新华社记者 时盘棋 摄）

• 汪曾祺喜爱作画。这幅画是他回到北京后所作，题字"口外何所有，山药（土豆）西葫芦"。

河北沽源原来有个马铃薯（土豆）研究站，曾集中全国的土豆品种向各地输送，还造就了一位特别懂土豆的作家。20 世纪 60 年代，汪曾祺远离家人，生活在荒凉的绝塞。研究站给了他一个任务——画一份《马铃薯图谱》。

圆头圆脑的薯块"想画不像都不容易"，画完一块，就把它放进牛粪火里，烤烤吃掉。他还自豪地说，全中国像他那样吃过这么多品种马铃薯的人，怕是不多见呢。

一个连土豆都不忍心敷衍的作家，对生活该有怎样的耐心和爱。多少平凡人，就像土豆，在泥土中积蓄能量。

汪曾祺儿子汪朗说："我现在还记得爸爸做的一道菜，黄油煎土豆。他这个人啊，不管境遇如何，只要活着，就要活得有滋有味。"

• 1994 年，汪曾祺在菜场买菜。汪曾祺会做菜也爱买菜。他说他看到各种蔬菜就新鲜，就来灵感。（新华社记者 杨飞 摄）

● 2018 年，河北省滦南县胡各庄镇西梁各庄村的农民在收获土豆。（新华社记者 杨世尧 摄）

　　如今，土豆早已不是救命的口粮，而是餐桌上越做越精的佳肴。食物的味道揉进人生际遇，始终萦绕心头。不变的是，把日子越过越好的勤劳和坚韧。

• 2018 年，西藏自治区日喀则市东嘎乡土豆丰收。
（新华社记者 张汝锋 摄）

• 2019 年，山东青岛胶州市胶西镇种植的土豆迎来盛花期。
（新华社稿 王昭咏 摄）

撰稿
手记

李峥

土豆的记忆 ①

　　"做一集土豆吧",因为中国照片档案馆一张让人过目不忘的照片,大家提出了这个选题。

　　在西北长大的我,关于困难时期父辈捡土坷垃垒窑烧土豆的趣事,听了不下一打。可要为"平淡无奇"的土豆找到"国家相册"级别的好故事,我们经历了又一次"大冒险"。

　　案头工作,"漫山遍野"地搜。文学作品、纪录片、论文……其中就包括北京大学中文系项梦冰教授的《汉语方言里的马铃薯》和《中国马铃薯历史札记》。作者严谨的考证不仅为我们提供了素材,更坚定了我们做出这一集的信心——光名字就起了近百个,土豆与中国人又该有怎样说不完的故事?

　　内蒙古分社记者彭源往返乌兰察布几次,竟找到了大家一

———————

① 本微视频原名为《土豆的信仰》。收录本书时,改为《土豆的记忆》。

直想要的故事：70 岁的尚玉花仍然记得儿时爷爷给她吃的一颗土豆，一个"饿肚子"的故事，里面有浓浓的亲情。青海分社记者吴刚带着"老青海"上山，折腾一下午，就为在片中复制垄窑烧土豆的场景。

与朋友聊天，意外拾到了汪曾祺的故事。一个江苏人，在北方的荒凉绝塞画了一整套《马铃薯图谱》，还对这段经历津津乐道，这成为全片一抹亮色。在我们对汪曾祺儿子汪朗的采访中，他说父亲就是这样，"不管境遇如何，只要活着，就要活得有滋有味"。

土豆滋味寡淡，可沉淀在人们心里的有万千种滋味。扎根在泥土里的百姓靠双手吃饱肚子，改善生活。它的味道，便是凡人的味道。

扫这里
看《国家相册》视频

本集撰稿：李峥

大漠逐梦人

40 多年前，是什么消息让国人震惊？

当沙漠步步紧逼，中国该怎么办？

漫漫黄沙里，有多少人的辛酸往事？他为什么说"沙子吃人不见血"，又怎样倾尽一生挡住荒漠的脚步？是什么问题，让她在心里"千万次地问"？她又是如何把"一棵树"变成片片绿洲？

看大地由黄到绿的神奇转换，聆听英雄史诗与壮士悲歌。

• 20 世纪 80 年代，北京长安街。（新华社记者 王建民 摄）

40 多年前，一个消息让国人震惊。两个看似毫无关联的词，竟然并列在了一起——北京、沙漠。

• 1982 年春，北京前门外大街上的行人遭遇风沙侵袭。（王文澜 摄）

1977 年，联合国召开荒漠化问题会议，北京被列为"世界沙漠化边缘城市"。沙漠步步紧逼，中国怎么办？

• 1959 年，飞机在内蒙古自治区巴彦淖尔盟乌兰布和沙漠
上播种草籽。（新华社记者 陆轲 摄）

1978 年，国家决定在西北、华北、东北建设"三北"防护林。

• 1953 年，陕北鱼河堡房屋被沙压盖的情形。
（新华社记者 武纯展 摄）

• 1953 年，陕西省榆林县常乐堡的西城墙被沙漠埋没了大
部分。（新华社记者 武纯展 摄）

• 20 世纪 60 年代，石光银（前排右二）全家福。（石光银提供）

　　很久以来，漫漫黄沙横贯中国北方万里疆土，上天似乎决意要让这片土地枯寂贫瘠下去，但总有人不甘心。

　　他叫石光银，陕西定边人，家住毛乌素沙地边上。

　　小时候，石光银和小伙伴出门放羊，一场风沙把他卷出 30 多里路。父亲找了三天，才把命大的他寻回来。小伙伴却再也没了踪影。

　　为避风沙，石光银家搬了 9 次。

• 58 岁的石光银（新华社记者 陈钢 摄）

• 1988 年，研究人员在毛乌素沙地腹地
调研。（新华社记者 杨慎和 摄）

• 1989 年，陕西省榆林市农民背着柴草治沙。
（新华社记者 和坪 摄）

20 世纪 80 年代，乡里鼓励个人承包治沙，石光银辞掉工作，第一个站出来，承包了 3000 多亩沙地。没钱买树苗，他背着家人把 80 多只羊和一头骡子卖了。

人们笑他傻，这里哪见长过一棵树？

• 1997 年，石光银在陕西省定边县海子梁乡的大漠中。
（新华社记者 陶明 摄）

● 1997 年，工人铺扎芦苇防沙。他们靠手中的铡刀、木耙和铁锹，铺扎了
长达二十多万公里的芦苇，可以绕地球赤道五周。（新华社记者 沈桥 摄）

石光银还是说动了几户人家一起干。

"死也要死在沙窝里！这事干成，就没白活！"

几条汉子大吼，干了白酒，扔碗开干。

• 人们在栽植沙蒿固定沙丘。（新华社记者 白斯古郎 摄）

• 1989 年，陕西省榆林市农民背麦草治沙。
（新华社记者 和坪 摄）

• 1998 年，石光银（右）在和大家一起栽植的杨树林中。
（新华社稿）

• 1997 年，陕西省海子梁乡荒漠变林地，农民在林子里放牧。（新华社记者 陶明 摄）

树，真的活了！

石光银把队伍扩大到 100 多户，向更多大沙梁走去。

• 1982 年，治沙造林大军抬土压沙，为植树创造条件。（新华社稿）

这其中，有个"狼窝沙"，像它的
名字一样险恶。树苗栽下，第二天就
被刮走大半。

• 人们在屡遭沙尘暴袭击的土地上劳动。（新华社记者 刘泉龙 摄）

• 20 世纪 60 年代，人们劈开沙丘，修筑公路。（新华社记者 宝音朝克图 摄）

一百多户人泡在沙窝里。饿了，掰块馍；困了，裹个羊皮袄躺在沙子里。

• 1981 年，陕西省榆林县新农村公社社员在自己房屋前后
栽树。（新华社记者 杨礼门 摄）

　　终于在第三年初夏，"狼窝沙"的树吐出了芽。石光银和同伴们喝了三天两夜，把方圆二十里所有小店的玉米酒都喝光了。

　　这个西北汉子喝醉了，翻身骑上骡子，去地里撒草籽。

• 1989 年，陕西省榆林市马合乡西马合村的孩子在林中玩耍。（新华社记者 和坪 摄）

　　沙地绿了起来。一个差点被风沙"吞掉"的孩子，成了治沙英雄。

　　石光银说："沙子吃人，连血也不见，我说我长大什么也不干，我就把沙治住。"

• 石光银（新华社记者 陶明 摄）

• 2003 年，陕西省榆林市子洲县佛殿堂。（新华社稿）

　　每一片消失的荒漠、每一处新生的绿洲背后，有多少英雄
史诗，多少壮士悲歌。

• 2009 年，陕西省榆林市子洲县佛殿堂。（新华社稿）

• 山西省右玉县群众在荒山植树。（新华社稿）

• 2013 年，山西省右玉县村民承包的荒山沟草木繁茂。（新华社记者　詹彦　摄）

　　白春兰总会在心里问一个或许永远无解的问题：要是不种树，丈夫和儿子是不是不会走得那么早？

　　1980年，听说有个叫"一棵树"的地方，沙下能挖出水，白春兰和丈夫冒贤就从水源奇缺的宁夏盐池冒寨子村搬来，想种块地，喂饱家里几张嘴。

　　夫妻俩开了3亩平地。眼看小麦要丰收，一场风沙全埋了。一连几年，颗粒无收。

• 20世纪90年代，白春兰带着两个女儿在宁夏回族自治区"一棵树"水井旁打水。（白春兰提供）

• 20世纪90年代，白春兰赶着毛驴车，带着两个女儿到"一棵树"治沙植树。（白春兰提供）

　　要种粮，先治沙。两口子没白没黑地种树。挖个浅坑把小女儿往里一放，娃娃被沙子烫得一屁股水泡，也顾不上。白春兰哭鼻子，丈夫就给她唱歌鼓劲。

• 20 世纪 90 年代，白春兰带着村民在"一棵树"将平茬后的枝条打捆。（白春兰提供）

• 1994 年，宁夏回族自治区中卫县固沙林场的职工在流动
沙丘上扎设草方格沙障。（新华社记者 陈思禹 摄）

• 20 世纪 90 年代，白春兰（前排左）与家人合影。
（白春兰提供）

第四年，有树挡住风沙的田里，打出了 4 麻袋小麦。收麦子回家，两人笑了一路。他们约定，大干 20 年。

丈夫却没有"守约"。夫妻治沙第 17 年，他因病去世。白春兰咽下泪，继续着两个人的约定。2007 年，又一个残酷的打击，几乎把这个坚强的女人击垮——和她一起种树的大儿子冒万里猝然离世。

整整一个冬天，白春兰没出门，从早哭到晚。那是唯一一次，她没有在春天种树。

白春兰说："开始和丈夫栽的树只有一指头粗，现在树也长大了，他知道不知道，我现在是把几千亩地栽满了树。"

• 2013 年，宁夏回族自治区泾源县城关村的村民在搬运即
将销往外地的云杉树苗。（新华社记者 彭昭之 摄）

沧海桑田，曾经的贫穷和绝望逐渐远去，埋葬了亲人的土地已草木葱茏。

• 2020 年，陕西省榆林市古塔镇的村民在灌溉农田。
（新华社记者 陶明 摄）

伴随由黄到绿的神奇转换，世界悄然改变，多少人的命运，也不一样了。

• 2020 年，畜群在内蒙古自治区鄂尔多斯市乌审旗境内的草原上觅食。（新华社记者 连振 摄）

• 2016 年，内蒙古自治区磴口县沙金套海苏木的一处农林工程。这里的沙漠葡萄可以起到固沙效果。（新华社记者 邓华 摄）

• 2016 年，内蒙古自治区磴口县利用光伏太阳能板的遮阴
效果种植沙生植物。（新华社记者 邓华 摄）

撰稿
手记

李峥

大漠追梦人

关于"治沙",《国家相册》栏目已经播出了《沙漠的颜色》《生命的颜色》等精品,这一集要讲什么?我们选择了石光银和白春兰的故事。石光银带领治沙队伍在大漠中立誓:"死也要死在沙窝里,这辈子干成这件事,就算没白活"……白春兰与丈夫冒贤为一家人的温饱开荒种树,艰苦但温情。她在十年间相继失去丈夫和儿子的人生际遇令人倍感心酸。两个故事感情饱满,英雄气与凡人心交织。震撼人心的奇迹背后,是中国百姓的坚韧质朴。

除了文本工作,我们把主要功夫下在处理视觉与文本的关系上。例如"白春兰与丈夫从沙漠里种出小麦,两人回家一路欢笑",此处没有合适的照片,我们就用沙漠中的脚印意向化呈现。本期相册在短视频平台获得较高传播量,给了我们这次尝试一个小小的肯定。

扫这里
看《国家相册》视频

本集撰稿：刘勤兵

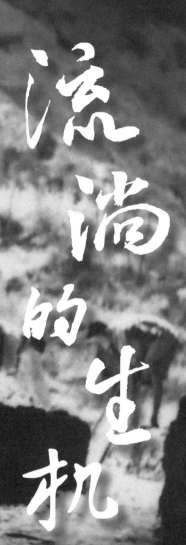

流淌的生机

曾经，贵州一片崇山峻岭间，人们守着大河没水吃。

他们的家乡叫"生机镇"，却世代困锁于"渴"与"穷"。

60多年前，是谁在悬崖绝壁上凿出"生机"，女儿从未见过的父亲是什么样子？

在这里，你将看到难以想象的艰苦、险峻，你将听到荡气回肠的勇敢、牺牲。

无论面对多少磨难，总有不服输、敢拼命的一代又一代，拼出山河大地勃勃生机。

• 20 世纪 60 年代，贵州省天渠修渠人坐在悬崖边。（王振翔 摄）

一张张笑脸，轻松从容，让人很难想象，他们身旁，就是万丈深渊。每天，这些人就悬挂在几百米高、刀削般的绝壁上，一锤一錾砸出炮眼，开山劈石。他们发誓要改变家乡延续了千百年的命运。

他们的家乡，贵州省毕节市生
机镇，嵌在赤水河畔的莽莽群山间。
大山挡住了河水，这里的人们守着
大河没水吃。特殊的喀斯特地貌又
使得"天上下雨地下漏"。留给生
机镇的，只剩"渴"与"穷"。

● 20 世纪 60 年代，贵州省高流大沟修渠人坐在绝壁上。
（王振翔 摄）

• 20 世纪 60 年代，贵州省的一些修渠队员正在编织搬石头用的背篼。（王振翔 摄）

• 20 世纪 60 年代，贵州省的一些修渠队员坐在小和平大沟上。（王振翔 摄）

　　要"解渴"，就得想办法开沟渠，把山顶水源引进来。20世纪 50 年代，县里派来技术员勘察地形。有人仰着脖子看崖顶，一不小心毡帽掉下了悬崖。太险了，前后两拨技术员，都摇摇头走了。

　　1956 年，第三拨人决定打道回府时，技术员徐荣却说了句，"这沟能成"。

• 20 世纪 60 年代，贵州省生机镇群众在修建水库。
（王振翔 摄）

面对质疑，这位抗美援朝老兵扒了上衣，露出身上的伤疤，立下"军令状"：打不出沟，我就不回！

第二年开春，徐荣带上妻子和一岁多的女儿来到生机镇镰刀湾村，扎下根来。

• 20 世纪 60 年代，贵州省天车洞大沟修渠人吃住在崖壁的洞穴里或者临时草屋里。（王振翔 摄）

每天翻山越岭费时间，他干脆和修沟的村民一起住在崖顶，睡茅草席，吃苞谷饭。徐荣带头勘测、埋炸药，村民们就跟在他后面干。

• 20 世纪 60 年代，贵州省的一些修渠队员在打磨修渠用的錾子。（王振翔 摄）

• 20 世纪 60 年代，贵州省的一些修渠队员在崖壁上勘测。（王振翔 摄）

• 20世纪60年代，贵州省修在崖壁上的高流大沟。（王振翔 摄）

• 2014 年，从贵州省擦耳岩旧路上走过的人们。（刘佳兴 摄）

• 2015 年，修好后的贵州省擦耳岩公路。（刘佳兴 摄）

开工没多久，徐荣女儿突然发高烧。路太难走了，没能及时送医，孩子夭折了。

徐荣心痛得遍地打滚。但孩子走后第二天，他就上沟渠去了，一天都没休息。

1958 年 3 月，全长 8 公里的卫星大沟，带来源头活水，能浇灌 800 亩田地。徐荣兑现了承诺，但他觉得还不够，对村民们说，咱们在沟边再修条路。

镰刀湾村只有一条出村路，叫擦耳岩，人几乎与岩壁擦着耳朵才能过去。不小心脚一滑，人就不见了。

• 20 世纪 60 年代，贵州省修水库的人在筑坝。（王振翔 摄）

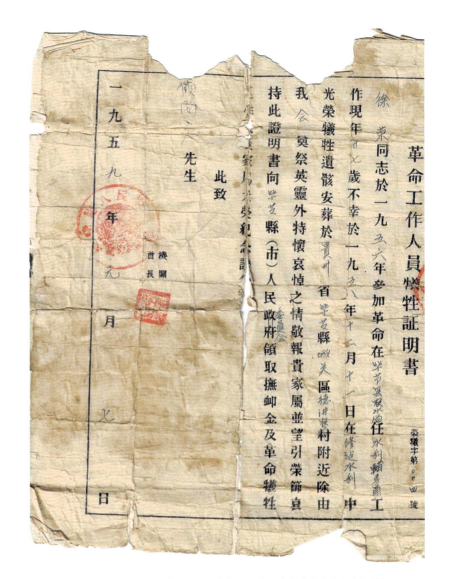

革命工作人員犧牲証明書

徐荣同志於一九五六年参加革命在毕节县报名担任水利辅导員工作現年廿七歲不幸於一九五八年十二月十一日在修建水利中光榮犧牲遺骸安葬於贵州省毕芝县城关区德讲莜村附近除由我会奠祭英靈外特懷哀悼之情敬报贵家属並望引榮節哀持此証明書向毕芝县（市）人民政府領取撫卹金及革命犧牲

荣壤字第○○四號

此致

○○○先生

机関首長

一九五九年九月七日

• 徐荣牺牲证明（贵州省毕节市七星关区党史地方志办公室提供）

徐荣正准备大干一场，可就在装运炸药时，突然发生爆炸，他当场牺牲，只有 29 岁。那是 1958 年 12 月 11 日，他的小女儿徐永书刚出生 7 天。

徐永书说："也许大姐的夭折，让爸爸意识到有条路有多重要，他不希望大姐的悲剧再发生在其他人身上。"

卫星大沟，让生机镇其他村子看到了希望。为了日子有生机，人们铆足了劲儿。危险，也无处不在。

一次，生机镇高流村的刘新芝正在掌钎，挥锤的村民却迟迟不动锤，忽然间晃晃悠悠倒了下来。

刘新芝说："山顶落下一块大石，打中他的头顶，当天晚上人就过世了。把他安葬后，第二天乡亲们还不是又全部上沟沟，没有少一个，大家都没有时间难过。"

• 20世纪60年代，贵州省生机镇高流村村民刘新芝挥锤砸向钢钎。（王振翔 摄）

• 生机镇航拍图（2020 年）（新华社记者 刘勤兵提供）

20 余年的血汗，换来绝壁上的 10 条天渠、8 个水库，终于打破大山小镇世世代代缺水缺粮的困境。

2015 年，一条 5.5 米宽的标准硬化路，终结了擦耳岩的历史。2019 年，公路通到家家户户门口，生机镇告别了贫困。

• 徐荣照片（徐永书提供）

从未见过父亲的样子，是徐永书痛了几十年的遗憾。直到几年前，她才从父亲战友的家人那里得到了一张照片，"见到"日思夜想的父亲。

这是徐荣唯一的影像记忆。当年，20 多岁的小伙子，英姿飒爽。

为了父亲未竟的梦想，徐永书也成为一名水利工作者，一直干到退休。

● 生机镇航拍图（2020 年）（新华社记者 刘勤兵提供）

　　一缕缕阳光穿过云层，洒遍大地，这片山河，处处流淌着
蓬勃生机。

撰稿
手记

刘勤兵

流淌的生机

在乌蒙磅礴的川黔交界处，"英雄生机"绝壁"修天渠"的故事被当地人时常提起，但是 1971 年之后，没有一家中央级媒体前来报道。2019 年 12 月，新华社记者发现天渠的故事，开始挖掘背后的历史资料、物件和英雄故事，发现当时摄影师拍摄的珍贵照片和视频，随后《国家相册》栏目组积极策划，补充采访拍摄。

在拍摄过程中，记者在没有防护措施的情况下，经常需要倒退行走，非常危险。在寻找老照片拍摄地的过程中，记者从悬崖下到谷底，荒芜的山坡早已埋没当年的山路，记者背着设备，手持镰刀，一路披荆斩棘，只为看到当年修渠人艰苦的生活环境。最终大家克服千难万险，拍摄到难得的影像画面。

《流淌的生机》以当年修渠人坐在崖壁上的笑脸为切入口，以牺牲老兵徐荣的经历为主线，以徐荣女儿的精神传承为落脚点，将当年战天斗地的生动故事呈现出来，在 2020 年新年第一天播出，鼓舞士气，催人奋进。

后记

沧桑百年间

照片，将时光中最动人、最震撼、最细致的瞬间定格。

如果没有那些用镜头记录的岁月，我们未必能如此强烈地感受人类减贫的中国故事如此传奇。要知道，仅仅在二三十年前，西北干旱之地，母亲往孩子脸上喷一口水，就算洗脸；深山峡谷之间，人们外出只能靠溜索道过河；对于生在大凉山深处的彝族女孩来说，上学竟是新鲜事……假设没有影像为我们唤醒记忆，这一切真实存在的过往，在后来者眼中，或许遥远得像"天方夜谭"。

新华社中国照片档案馆收藏了自 1892 年以来的上千万张珍贵历史影像，走进这里，就打开了一部国家相册。2016 年9 月，基于这些老照片，新华社微纪录片栏目《国家相册》诞生。近五年来，它用三季 187 期节目，细述鲜为人知的故事，打开被浓缩的人生、被折叠的时代。其中，许多故事讲述的是在中国共产党的团结带领下，中国人民与贫困作斗争的勇气、责任和担当。我们精选出具有代表性的 9 期，并以新华社大型纪录片《中国减贫密码》的部分精彩内容为开篇，化视频为隽永图文，以此向中国共产党成立 100 周年、向中国消除绝对贫困的伟大胜利致敬。

感谢《国家相册》诸位策划者和把关人。每一期时长几分钟的短视频，从选题、脚本，到粗片、成片，每一个环节都以近乎严苛的编审要求严格把关，确保"相册品质"始终如一。

感谢照片的拍摄者们。他们的脚步和镜头，把我们带到从未去过的现场，见到那些本不可能相遇的人，聆听他们的悲欢离合。当这些被烙上时代印记的影像，通过《国家相册》再一次进入人们视野时，摄影的意义和历史的魅力愈发清晰。

感谢撰写脚本的新华社记者。他们怀揣使命情怀，一次次挖掘动人心弦的细节，不厌其烦地修改脚本。看上去简单平实的话语，都是他们呕心沥血、反复斟酌推敲而来。

感谢后期制作团队。他们通过特效制作让照片活起来、动起来，让细节放大，让视觉更具有冲击力，让情感更加饱满。

感谢真诚热情的人民出版社编辑团队。他们和《国家相册》栏目组一起，将 10 期纪录片变成一本美好的图文书。

"无限定格于有限，言犹未尽还无言。"相比于历史的辽阔画卷，我们所能呈现的只是片段。希望这些鲜活故事所带来的感动与感慨，能让大家领略沧桑百年的澎湃壮阔。

出版统筹：蒋茂凝　陈鹏鸣

组　　稿：刘志宏

责任编辑：刘志宏　邓创业

装帧设计：林芝玉

版式制作：吴　桐

责任校对：张红霞

图书在版编目（CIP）数据

沧桑百年间：中国摆脱贫困影像记忆 / 新华社《国家相册》栏目组 编 . ——

　北京：人民出版社，2021.9

ISBN 978 - 7 - 01 - 023579 - 0

I. ①沧… 　II. ①新… 　III. ①扶贫 - 中国 - 摄影集 　IV. ① F126-64

中国版本图书馆 CIP 数据核字（2021）第 130632 号

沧桑百年间

CANGSANG BAINIAN JIAN

——中国摆脱贫困影像记忆

新华社《国家相册》栏目组　编

人民出版社 出版发行

（100706　北京市东城区隆福寺街 99 号）

北京雅昌艺术印刷有限公司印刷　新华书店经销

2021 年 9 月第 1 版　2021 年 9 月北京第 1 次印刷

开本：787 毫米 ×1092 毫米 1/16　印张：25

字数：166 千字

ISBN 978 - 7 - 01 - 023579 - 0　定价：99.00 元

邮购地址 100706　北京市东城区隆福寺街 99 号

人民东方图书销售中心　电话（010）65250042　65289539